여인의 詩

Alfonsina Storni 지음

김성욱 옮김

별밭
postela

여인의 詩

©별밭(Compostela) 출판사, ©김성욱, 2024

펴냄	: 2024 년 10 월 29 일
지은이	: 알폰시나 스또르니 (Alfonsina Storni)
옮긴이	: 김성욱
펴낸 곳	: 별밭(Compostela) 출판사
출판등록	: 제 2022-000034 호
전화	: 050-7888-0224
블로그	: https://blog.naver.com/los-andes
이메일	: compostela-libros@outlook.kr
ISBN	: 979-11-979402-1-7 (03870)

가격 : 15,000 원

※ 저작권법에 따라 보호받는 이 저작물의 무단전재와 복제를 금하며, 이 책 내용의 전체 또는 일부를 사용하려면 사전에 옮긴이와 별밭(Compostela) 출판사의 서면 동의를 받아야 합니다.

• 파손된 책은 구매하신 곳에서 바꾸어 드립니다.

• 알리는 글 •

■ 본 서적에 실린 작품에 관하여

본 《여인의 詩》는 알폰시나 스또르니가 출판한 시집 《La inquietud del rosal 성급한 장미, 1916년》, 《El dulce daño 감미로운 고통, 1918년》, 《Irremediablemente 돌이킬 수 없이, 1919년》, 《Languidez 무기력, 1920년》, 《Ocre 황토, 1925년》, 《Mundo de siete pozos 얼굴, 1934년》과 《Mascarilla y trébol 가면과 토끼풀, 1938년》에 실린 방대한 작품과 유작 중에서 에스빠냐어권 독자의 호응을 누리는 작품들을 선택하여 본 서적에 담았다.

■ 뜻풀이

　본《여인의 詩》에 실린 뜻풀이는 옮긴이가 달았다.

■ 외래어 표기법 관련하여

　우리말에 된소리가 엄연히 존재하며 일상에서 널리 사용되고, 에스빠냐어 발음을 온전히 반영하거니와 우리글로 완벽하게 표기할 수 있음에도 사용을 허용치 않는 타당한 이유가 설명된 바 없기에 그 규칙을 따르기 어렵다.
　아울러 외래어 자음이 우리말의 '받침' 역할을 할 때 ㄱ, ㅂ, ㅅ으로 획일적으로 처리하는 현행 방식도 따르지 않았다.
　그러나, '아르헨띠나'가 아니라 '아르헨티나'처럼 관행에 밀려 후자로 표기할 수밖에 없는 부분도 있었다.

• 지은이 및 작품 소개 •

· 알폰시나 스또르니 (Alfonsina Storni), 1892-1938

  1892년 5월 29일 스위스 Capriasca에서 태어나서 1896년 부모를 따라 아르헨티나 산 후안 (San Juan)에 정착한다. 이곳에서 소녀 시절의 초반을 지낸다.
  1901년에 가족이 로사리오(Rosario)로 이사한다. 그곳에서 그녀의 어머니는 가정방문 학교[1]를, 아버지는 역 근처에 바-커피숍을 운영한다. 알폰시나는 아버지의 가게에

---

[1] 가정방문 학교 : 학교 대신 동네 여러 명의 아이가 모인 한 가정에서 교사가 여러 과목을 지도하는 방식.

서 일하지만, 적성에 맞지 않아 독립한 다음 연극단에 배우로 발탁 되어 1907년에 전국 순회공연에 나선다.

로사리오에서 교사 전문양성 기관을 졸업하고 교직 생활을 하면서 시와 희곡을 쓴다. 평론가들의 일반적인 관점에서 그녀의 작품은 투쟁하는 페미니스트 성격이 짙으며 라틴아메리카 문학의 색깔에 영향을 끼쳤다고 할 만한 독보적인 면이 있다. 아울러 칠레의 (Gabriela Mistral, 1945년 노벨문학상 수상) 그리고 우루과이의 후아나 이바르부루 (Juana Ibarbourou)와 어깨를 나란히 한다고 평가받는다.

1935년에 유방암이라는 진단이 나오자 절제 수술을 받는다. 그리고 방사선 치료에 육체적은 물론이며 심리적으로도 피폐해지고 꺾인다. 치료를 중단하고 주변의 동정에서 벗어나고자 은둔 생활에 들어가고 급기야 아르헨티나 최대 휴양지인 항구도시 마르 델 쁠라따 (Mar del Plata)의 방파제에서 몸을 던져 세상을 떠난다.

알폰시나 스또르니에게 자살은, 그녀가 여러 작품에서 암시한 듯 보이는 점은 물론이며, 자신에게 주어진 자유를 행하는 일이었고, 이러한 생각은 그녀의 친구이자 연인이라는 설이 있던 오라시오 끼로가[2]에게 바친 시(詩)에 반영

되어 있다.

 그녀의 작품을 크게 두 갈래로 분류하는 평론가들이 있다. 남성을 향한 에로틱하고 관능적이며 앙금이 있는 관점에서 만들어진 낭만적인 분위기와 에로티시즘을 넘어 좀 더 추상적이고 내성적인 작품으로 구분한다.

 지금으로부터 100여 년 전에 비(非)혼모 신분을 당당하게 선택한 그녀의 작품에는 당시 남성주의, 그에 부역하고 동시에 기생하는 주류 사회의 이중적 도덕 잣대를 향한 신랄한 비판과 조롱, 아울러 고통, 두려움 그리고 다른 여러 감정을 통하여 어린 시절부터 자신을 괴롭힌 질병과 삶의 마지막 순간을 기다리는 지은이 자신이 담겨있다.

---

2) 오라시오 끼로가, Horacio Quiroga (1878-1937): 우루과이 태생 중남아메리카 문학 꽁트 부문의 대표자로 평가받는 작가이며 아르헨티나 문인협회 창단 회원. 1937년 2월에 암 진단이 나오자 청산가리를 마시고 생을 마감한다. 그의 다양한 작품 중 《사랑광기죽음 Cuentos de Amor, de Locura y de Muerte》, 《내쫓긴 자들 Los Desterrados》을 꼽을 수 있다.

차 례

알리는 글 03
지은이 및 작품 소개 05

성급한 장미 La inquietud del rosal

- 성급한 장미 La inquietud del rosal 19
- 끝없는 Lo inacabable 20
- 결별 Adiós 23
- 고통 Ven, dolor 26
- 늑대 La loba 28
- 반항 Rebeldía 33

- 토요일 Sábado 35
- 제비 Golondrinas 37

감미로운 고통 El dulce daño
- 이렇게 Así 43
- 듣고 싶어 Díme 45
- 너와 나 Tú y yo 47
- 달콤한 고문 Dulce tortura 50
- 지나간 봄날들 Lluvia pasada 51
- 그 한마디 Dos palabras 54
- 부름 El llamado 56
- 네 눈빛 Bajo tus miradas 58
- 마침표 Viaje finido 60
- 수혈 Transfusión 62
- 순결 Tú me quieres blanca 64
- 물 주시오! Agua! 67
- 삶의 보배 El oro de la vida 69

- 뭐라고 말할까? ¿Qué diría? 71
- 자각 Sentirse 73
- 유혹 Tentación 74
- 예감 Presentimiento 75
- 사각형과 각 Cuadrados y ángulos 76
- 타락녀 Oveja descarriada 77
- 여행 Viaje 79
- 기생충 Parásitos 82
- 모습 Aspecto 83
- 안 그래? ¿Verdad? 84
- 우둔한 자들 ¿Sabéis algo? 85

돌이킬 수 없이 Irremediablemente

- 남자 Hombre 89
- 정적 Silencio 90
- 우수 Melancolía 96
- 그 꽃 Soy esa flor 98

- 함께 Ven... 100
- 대물림 Peso ancestral 102
- 비상(飛上) Date a volar 104
- 옹졸한 남자 Hombre pequeñito 107
- 신비로운 사랑 El divino amor 109
- 불치 Incurable 111
- 20세기 동안 Veinte siglos 114
- 영원히 Eterna 116
- 먼지 덮인 묘 Sepulcro polvoriento 118
- 너는? ¿Y tú? 120
- 순진한 포도송이 El racimo inocente 122

무기력 Languidez

- 삼나무의 자비 La piedad del criprés 127
- 무상 Nada 128
- 구걸 Limosna 130
- 무기력 Languidez 132

- 언젠가 Un día 135
- 말소 Borrada... 137
- 눈빛 La mirada 138
- 노예 Esclava 140
- 목마름 Sed 142
- 깨달음 La que comprende 143
- 정(情) Ligadura humana 145
- 공상 Quimera 147
- 연습 El ensayo 148
- 낚시 La pesca 150
- 비참 La miseria 152
- 담화 Charla 154
- 부에노스아이레스 Buenos Aires 156

황토 Ocre

- 겸허 Humildad 163
- 나 Soy 165

- 엄마에게 Palabras a mi madre 167
- 약혼녀 Canción de la novia 169
- 축제 Fiesta 171
- 잊힘 Olvido 173
- 마주침 Encuentro 175
- 모임에서 1 I. Rueda 177
- 모임에서 2 II. La otra amiga 179
- 모임에서 3 III. Y agrega la tercera 181
- 기만 El engaño 183
- 다시 Una vez más 185
- 서글픈 부에노스아이레스 Versos a la tristeza de Buenos Aires 187
- 어중이 Inútil soy 189
- 온정 Ternura 191
- 멋대로 Capricho 193
- 배신 Traición 195
- 내 묘비에 Epitafio para mi tumba 197
- 복수 Romance a la venganza 200

- 고뇌 Dolor 203
- 나의 본질 Naturaleza mía 206

얼굴 Mundo de siete pozos
- 의지 Voluntad 211
- 불꽃 Llama 213
- 구절 Frase 215
- 바다 깊은 곳에 Yo en el fondo del mar 217
- 한밤의 등대 Faro en la noche 219
- 잿빛 아침 Mañana gris 221
- 거리 Calle 223
- 겨울 광장 Plaza en invierno 225
- 정열 Pasión 227

가면과 토끼풀 Mascarillas y trébol
- 에로스에게 A Eros 231
- 잠든 꼴로니아 La Colonia a medianoche 233
- 아들 El hijo 235

- 프로메테우스에게 간청 Ruego a Prometeo 237
- 불모의 시대 Tiempo de esterilidad 239
- 인어 La sirena 241
- 달에게 넋두리 Palabras manidas a la luna 243
- 성모 마리아에게 A Madona poesía 245

유작 Poesías inéditas
- 대화 Conversación 249
- 부고 Avisos fúnebres 251
- 부질없는 봄 La inútil primavera 252
- 기차 Tren 254
- 오라시오 끼로가에게 A Horacio Quiroga 256
- 영면 Voy a dormir 258

La inquietud del rosal

성급한 장미

성급한 장미

서둘러 꽃 피우려고
자기 수액 소진해 버리는 장미.
그렇게 많은 꽃 떨어지면
장미는 죽게 마련...

아직 어린 장미가
성급히 꽃 피우며
조급히 삶을 태운다.

끝없는

네 손에서
한 잎 한 잎 떨어진 내 사랑
어찌 네 탓이리,
봄이 오면 줄기에서 새싹 돋고
꽃 피겠지.

흘러내린 눈물
새 목걸이의 진주 되고
신선하고 발랄하게 들끓는
수액 흐르게 하는 햇빛에

그늘은 사라질 거야.

너는 네 갈 길
나는 나의 길,
해방된 둘 다
나비처럼
날개에 묻은 꽃가루 털고
더 많은 꽃가루 찾아 다른 꽃으로.

약속은 강물처럼 마르고
열정은 장미처럼 시들지만
한 번의 절망 앞에 일곱 번의 희망이
여명 갈망하며 입술 찾는다.

....

하지만... 지난 일은?
다시 돌아오지 않아!
봄은 돌아오지만,

삶에 쌓이는 또 다른 사체
한 잎 한 잎
떨어지는 또 다른 꽃망울일 뿐.

결별

죽는 것 절대 되살아나지 않고
죽는 것 절대 돌아오지 않듯이
깨진 잔의 남은 유리 조각
가루가 될 뿐,
돌이킬 수 없이
그리고 영원히.

꽃망울 떨어진 가지
다시 꽃 피우지 못하듯이...
무자비한 바람에 꺾인 꽃

시들 뿐,
돌이킬 수 없이
그리고 영원히.

지난날들 헛된 날들
무의미한 날들 더는 돌아오지 않으리
외로움의 몸부림에 흩어져 사라진
안타까운 순간들!

인간의 사악함에서 스며 나오는
슬픈 그늘, 혐오스러운 그늘!
지난 일들
시든 일들
천상의 일들 그렇게 우리 곁을 떠나고!

연민아...
묵묵히... 궤양으로
곪은 고뇌로... 악으로 너를 감싸거라!
다가와 너를 만지는 누구든 죽게끔,
나의 소망 좀먹는 저주받은 연민아!

나의 모든 온화함이여, 영원히 가거라
선(善)에 넘치는 나의 기쁨도, 가거라
죽은 것들
시든 것들
천상의 일들 절대 돌아오지 않으리!...

고통

그래, 고통아! 더 거세게!
네 까마귀 날개로 내 이마 후려쳐 다오
네 모진 구타 속에 더 편하리니
백합 같은 내 마음 후들거린다.

내 존재에 흘러들고
내 말이 되고
내 혈관에 녹아들어
네 교수대에 묶인 노예의 자리에
나를 끌고 가 다오.

무자비하게 비수(匕首) 꽂아 다오.
흘러내릴 내 피
네 비수 향한 비가(悲歌) 부르는
음창(吟唱) 시인(詩人) 되리라.

내 영혼 노래하리
네 날갯짓은
나의 시 움트는 땅의 품에
흩어진 싹이 되리라.

늑대

나는
평원이 지겨워
무리를 저버리고
산으로 간 늑대.

나, 멍에 멘 소 될 수 없어
무법의 사랑에서 사랑으로 아들 낳았네,
고개 당당히 들고
내 손으로 헤쳐 나가리.

이런 나를
손가락질하고 비웃는 저들!
(벌판 누비는 늑대가
우리에 들어오자 요란 떠는 양들)

가엽고 순종하는 양 떼!
두려워 말아라, 늑대가 헤치지 않으리니.
얕보지도 말아라, 날카로운 이빨로
숲속에서 자기를 지켰으니!

너희에게
양치기 빼앗지 않을 테니, 걱정하지 말아라,
그 늑대 뺏을 줄 모른다는 말
듣고 믿겠지만, 헛소리,
늑대 이빨은 앗아간단다!

무리가 얼마나 놀라는지,
두려움 감추려는 미소에
얼마나 묘한 애탐 드리우는지

보고 싶어서
우리에 들어갔을 뿐...

어디 늑대와 맞서서
새끼를 빼앗아 보지,
떼 지어 오거나
양치기 앞세우지 말고
홀로! 온 힘 다해 덤벼 봐!

양들아,
보잘것없는 너희 이빨
내보이지 말아라!

험난한 산길
주인 없이 홀로 못 다니고
호랑이 덮치면
스스로 지키지 못해
죽임 당할 너희 아니니?

나는 늑대,

홀로 떠돌고 무리를 비웃지.
귀천 따지지 않고
맑은 정신 부지런한 손
내 생계 손수 꾸린다.

나의 길 따를 수 있는 여인
따라오든가,
다만, 나는
나를 적대시하고
최후의 광분 벼르는 삶을 노려보며
칼자루 내 손에 쥐고 있다.

내 아들
그리고 나
그다음 비로소 무엇이든!...
내가 무엇 하나 못 맞서리...
때로는
피기 전에 내가 꺾어야 하는
사랑의 꽃망울일지라도.

나는
평원이 지겨워
무리를 저버리고
산으로 간 늑대.

반항

모든 여명 사랑하고
모든 노을 저주한다.

끝 모를 오솔길
밤 오지 않는 날
존재하지 않는 사물
꺾인 기둥
깨진 잔
휘어진 선...
틀에서 벗어난

그 아름다운 모든 것!...

노 없는 나룻배처럼...
둥지 없는 새처럼!
앞일 모르는 꽃망울 되고파!
언젠가
기존의 고리 허물 수 있기를!

세상을 멈추고!

2 더하기 2는 4...
누가 그래?
그리고...
1이 1 아니라고
내가 우기면 어쩔 건데?

토요일

일찍 일어나 맨발로 복도를 거닐다가
정원에 내려가서 꽃에 입을 맞추고
잔디에 드러누워 상큼한 흙 내음 맡고
푸른 아치라3)에 에워싸인 분수에서 몸을 씻고
젖은 머리 곱게 빗고
디아멜라4) 향유 손에 발랐어.
예민하고 우아한 백로들

---

3) 아치라 : 학명은 Canna Indica. '인도칸나'로 알려져 있다. 홍초과의 여러해살이풀. 관상용이며 열대 아메리카가 원산지이다.
4) 아라비아 재스민.

내 치마에 떨어진 빵 부스러기 먹더라.

튈5)보다 가벼운 세사(細絲) 재킷 차려입고
밀짚 소파 현관으로 단숨에 옮기고
철책에서 눈을 떼지 않았어
눈을 뗄 수 없었어.

어느덧 열 시를 알리는 시계
집 안에는 자기 그릇과
크리스털 잔 부딪히는 소리
아직 불 켜지 않은 식당에는
식탁보 까느라 바쁜 손들.
밖에는 화사한 햇빛
대리석 계단에 눈부시게 비치고,
철책에서 눈을 떼지 않았어.
너를 기다리느라...

---

5) 프랑스어의 tulle. 아주 얇은 비단 망사

제비

슬픈 소식 전하는
사랑스러운 우체부들...
까만 새들, 어두운 밤처럼,
암울한 고통처럼.

겨울에 바다 건너려고
둥지 홀로 두고 떠나는
사랑스러운 제비들.

그들 볼 때마다

밀려오는 말 못 할 싸늘함...
아! 검은 새들,
가을을 사랑하고 부스대는 새들.

아! 이주자처럼 빵 부스러기 찾아
저 먼 타지로 떠나는
가엾은 제비들.

오너라, 제비들아! 어서 오너라!
봄바람 탄 상복의 날개로
나에게 오너라!

날개에 나를 실어다오...
나를 실어
단 한 번의 영원하고
또 영원한 비상(飛上)으로
끝없는 바다를 건너라...

태양의 나라에 어떻게 가는지 모르니?...
사랑의 발원지인

영원한 봄이 어디 있는지 모르니?...

데려가다오, 두려워 말고 데려가다오!
나는 나그네, 이 가엾은 나그네
너희 따라 어디든 못 가리.

떠도는 제비들아,
너희처럼 날아서 떠나지 못해
병든 내 마음 어찌 그리도 모르냐!

오너라, 제비들아! 어서 오너라!
봄바람 탄 상복의 날개로
나에게 오너라!

오너라!
나 정처 없이 떠돌게 데려가다오...
아, 조그만 제비들아,
너희 날개가 하늘이었으면...

# El dulce daño

감미로운 고통

이렇게

애태우며,
흐느끼고,
꿈꾸면서,
아!... 이렇게 책 썼네.

슬픈 나비, 잔인한 사자,
빛과 그림자 함께 낳았어.
사자였을 때 어떻게 나비였는지 잊고
나비였을 때 물고 뜯을 거라 생각 못 했지.

웅크렸다가 날뛰고
내 삶 피 흘렸고 모질게 내가 죽였네.
비둘기든
해묵은 삼나무든,
꽃핀 덤불이든 울고 또 울었지.
소금을 씹든
훔친 꿀 맛보든
눈물 메마르게 울었고.
그리고 보았네,
장미든 가시든, 축배든 독배든
다를 게 없다고.

나,
이렇게
가혹한 메마름에
온갖 정원 파헤치며
아슬아슬하게 스쳐 간다.

듣고 싶어

벌처럼 소곤소곤
내 귀에 속삭여 줘,
네 입술에서 흘러나올 풋풋한 말
내 붉은 마음
벌집 쑤신 듯하리.
내 귀에 은은하게 말해 줘,
튈[6], 실안개, 아지랑이처럼...
우아하면서 곧게 나르는
나비 날개의 긴장.

---

6) 프랑스어의 tulle. 아주 얇은 비단 망사

사랑의 베틀에서 짠 아슬아슬한 천.
아, 부드러운 실오라기에
숨 막힐 내 마음.

모든 말, 온갖 좋은 말
내 귀에 속삭여 줘.
소리 없이 그냥 입술에서
스며 나올 수 있다면...
네 입의 모든 말
내 귀에 들려오는 음악.
정취와 내음처럼
봄날의 부드러운 금발 아래에서
잠드는 음악.

너와 나

내 집에는 은매화7),
네 집에는 장미꽃 가득.
내 흰 창문에 네 비둘기 찾아오고

네 집에는 붓꽃,
내 집에는 만개한 개양귀비꽃.
네 나뭇가지 내 뜰 기웃거리고

네 낡은 집 꾸미는 희고 검은 대리석

---

7) 은매화 : 학명이 Myrtus communis인 도금양과 상록 관목.

내 침실 앞에 희고 검은 대리석

네 집에 불 켜지면
내 집 불빛에 눈 부시고
내 집 접시 소리 안 들리니?

아침에도, 낮에도, 밤에도
숲속과 가지 사이로 나 너를 뒤따라.
내 입술의 그윽한 향기 못 느끼니?

아침에도, 낮에도, 밤에도
숲속과 가지 사이로 나 너를 뒤따라.
네 뒤에 잎 밟히는 소리 안 들리니?

네 나무에 가득 열린 산딸기,
잡풀 치워진 오솔길,
사과 주렁주렁한 가지 보지 못했니?

묵묵히 네 집 지키며
뜬눈으로 나 밤 지새네.

묵묵히 네 나무 지키고
네 장미 가지 치면서

네 집 그림자 오후마다
내 집에 드리우는데
장미 가득한 네 담벼락에
한 번이라도 눈길 주지 않았다니.

네 뜰의 비둘기
내 뜰에서도 노니는데,
한 번이라도 내 집 건너보지도
내 장미 꺾지도 않았다니.

네 붓꽃, 내 붓꽃
같은 시월에 피지만...
한 번이라도 내 집 건너보지도
내 장미 꺾지도 않았다니...

달콤한 고문

내 쓸쓸함 네 손에서 금모래 되고
네 긴 손에 내 삶 흐트러지고
네 손에 매달린 나의 감미로움
이제 나는 빈 향수병.

얼마나 많은 달콤한 고문
묵묵히 견디었나!
내 마음 암울함에 좀먹고 기만에 지쳤음에도,
내 삶 시들어뜨리는 그 두 손에
입맞춤하면서!

지나간 봄날들

일주일 내내 변함없이
내 창 두들긴 비.
일주일 내내.
내 마음 물에 잠기고.

구름 머금은 입술,
그늘진 가슴,
책 든 손, 창백한 뺨…
일주일 내내…
비에 젖은 거리, 검은 우산들.

오늘
붉은 장미 네 송이 내 얼굴에 피었네.
햇빛 내리는 모든 새장에
꾀꼬리 지저귀고.

부글대는 피, 디딜 곳 못 찾는 발,
비좁은 육체, 넘치는 영혼,
벌어진 기공으로 삐져나오는
영혼에 온몸 잠긴다.

아깝다! 아깝다!
채우지 못해
들이킬 수 없는 그 많은 봄날,
불꽃 살리지 못해
태울 수 없는 그 많은 봄날.

달콤한 한마디에 사랑에 빠질
내 파란 꽃들이 엉킬 돛도, 그물도,
체도, 틀도 없는 너,

너는 어디에 숨었니?

눈부신 이 아침에
나 감쌀 강철같은 비단 손,
절대로 나 놓지 않을 손,
흰 내 몸 불타게 할 그 손, 어디에 있나?

아! 불붙은 나의 봄,
아! 그 굳센 품에 안기어
누렸던 나의 봄날들!

그 한마디

오늘 밤
평범한 그 한마디 내게 속삭였지.
흔하디흔한 말.
듣고 또 들어도
처음처럼 다가오는 그 말.

나뭇가지 사이를 서성이던 달이
내 입에 멈출 만큼 달콤한 그 한마디.
목에 흐르는 전율에
나를 떠맡길 만큼 달콤한 그 한마디.

'아! 인생은 아름다워!'
나도 모르게 흘러나올 만큼
달콤한 그 한마디.
내 몸에 향유 뿌린 듯
달콤하고 온화한 그 한마디.

그 한마디
그토록 달콤하고 아름다워
내 손가락 가위가 되어 하늘을 향한다.

아! 저 별을 오리고 싶어라!

부름

깊은 밤, 신(神)이 눈 깜박이는
소리마저 들리는 고요함 속
나는 거닌다.
숲속에, 이슬 튀는 상큼한 풀잎 밟으며.
별들은 나에게 속삭이고,
나는 흰 달빛 고상한 손가락에 입 맞춘다.

갑작스레, 일렁이는 나...
내 심장 멈추고,
배꼬이는 내 머릿결,

내 등 펼쳐지고,
아, 꽃 피는 내 손가락,
내 팔다리 날개 퍼덕이고,
나, 빛과 향기에 취해 숨넘어가리...
숲속에서
나를 부르는
감미로운 네 목소리에...

네 눈빛

네 눈빛 속에 나 흔들리지 않고,
네 눈빛 속에 나 흐르는 물처럼 유하고,
덩굴 꽃 뒤덮고 웃으며 재잘댄다.

네 파란 눈빛 속에 서러움 모르고
봄날이 고상한 소원 선언한 듯
꿈틀거리는 새로운 꿈에 희망 심어본다.

맑고 신선한 영혼,
아마포처럼 희고 잎처럼 풋풋함,

내 입술
최후의 순간까지 붉고,
아름답고, 열렬하고,
죽음의 숭고한 순간
마지막 벌 한 마리까지 꿀 맛보는
웃음의 신비 머금고 싶어!

마침표

나를 바라보는 너의 영악한 눈,
나를 부르는 너의 능란한 혀,
내 불꽃 넘보아 내미는 너의 손,

내 그림자 밟는 네 그림자,
내 집 맴도는 너,
뭐하러?
어제 너와의 키스에 나 떠돌았고
네 영혼 보았어.

뭐하러 더?
그 떠돌아다님 나는 끝냈어.
물에 잠긴, 죽은,
어두운, 질척한 네 지하 묘실
이 손으로 확인했어.

손끝조차 나에게 대지 마라,
나를 쳐다보지도 마라,
너의 말은…
네 본질의 곰팡이에
내 꽃들 뿌리째 메말랐다.

너의 영악한 눈, 지긋지긋하다.
너의 넘보는 손, 지긋지긋하다.
물에 잠긴 너의 지하 묘실, 지긋지긋하다.

수혈

내 피 네 삶에 뿌리고
내 목숨보다 너를 사랑해,
사랑해,
밤하늘 아래에서 굶주린 사자처럼
네 마음 뜯어 삼키고 싶어라.

너를 만나고
대범하던 도둑에서 이제는 소심한 수감자.
화창한 나의 봄날!
네 이마에서 빛나는 내 영관(榮冠)!

네 눈동자에 내 피 끓고
네 입술에 하루의 양식
달콤한 포도 오후마다 올린다.

이렇게
퇴연(退然)한 꽃, 동굴 속의 꽃으로,
내 과즙 모두 네게 주고
내 삶 네 두 손에서 흘러간다.

순결

내가
샛별, 말갛고, 진주조개이길 원하지.
무엇보다
은은하며 만개할 꽃봉오리
순결한 백합이길 말이야.

달빛 한 점
나를 비춘 적 없고
데이지 한 잎 뜯어본 적 없이,
내가

순백하고, 티끌 없고, 여명 같기를.

너는
열매와 꿀, 붉은 입술들
오는 술잔 마다함 없이 들이켰고
포도 새싹 넘치는 성찬에
바쿠스의 이름으로 온몸 내던졌지.
기만의 검은 정원에서
붉은 옷차림에 피폐에까지 치달은 너.

불가사의하게
그나마 몰골 건진 너,
내가 순수하길
(어리석게도)
내가 순결하길
(어리석게도)
내가 샛별이길 바라다니!

숲으로 숨거나, 산으로 달아나,
입 닦아라,

오두막에 살면서
젖은 흙 손에 묻히고 쓴 뿌리 씹어라,
바위에서 목 적시고, 이슬 깔고 잠들어라,
초석과 물로 때 벗기고, 새들과 이야기하고
동틀 때 일어나라.

네 몰골에 살이 붙고
이 침실 저 침실에 뒤엉킨
네 영혼 제자리 찾으면,
그제야, 남자여,
내가
순수하고,
티끌 없고,
순결하길 갈망해라.

물 주시오

물! 물! 물!
나, 거리와 광장
돌아다니며 외치네.
물! 물! 물!

내가 마실 것도,
내가 취할 것도,
내 입 위한 물 아니네.

가렵고 가려워서

긁어대는 메마른 영혼

그래서
나, 황급히 거리와 광장으로
뛰쳐나와 가쁘게 외치네.
물! 물! 물!

내 혈관 열어
맑은 강줄기 이어주시오.
물! 물! 물!

삶의 보배

내 검은 꽃부리에서
금빛 꽃술 기지개 켜곤 하지.
풍성한 열매, 꽃받침 달고,
내 삶이 웃음 짓네.

다시 검은 꽃부리.
하지만 새 삶에서
금빛 꽃술 다시 기지개 켠다.
내 삶이 웃는다,
금빛 나비가 쓰다듬으면.

암흑,
그 암흑 뒤따라
삶의 고귀한 보배.

뭐라고 말할까?

어느 날,
내가 극도의 환상에 사로잡혀
머리 은빛, 보랏빛 물들이고
뻬이네따8) 대신
물망초나 재스민 꽃띠로 묶고
페플로스9) 차림에
바이올린 선율 따라 노래하고 다니면

---

8) 조선 시대의 비녀와 같은 용도로 에스빠냐어권 여인들이 사용하던 화려한 장신구.
9) 고대 그리스 여인들이 어깨에 걸쳐 입던 주름진 긴 옷. 허리에 끈으로 묶었다.

당혹하고 공허한 사람들은 뭐라고 말할까?

아니면 공원을 돌아다니며
비열한 재갈에서 벗어난
내 시를 읊으면?
가던 길 멈추고 나를 쳐다볼까?
마녀를 불태웠듯 나에게도 불 지를까?
죄를 씻으려 성당에서 미사를 드릴까?

사실,
생각해 보니
가소롭다.

자각

지나가는 사람들, 불쌍하다.
갑자기, 안절부절 어린아이처럼 흔들리는 땅.
죽음 예시하는 불길한 떨림에
내 한 손 다른 손으로 붙드니
내 온기, 무한을 움직이는,
내 온기 스민다.
그때야 묵은 서러움 비켜 가고
녹슨 내 손가락들 움직인다.
그리고 되새긴다.
신이여! 나 아직 살아있군요!

유혹

밖에 비가 내린다. 굵은 빗줄기를 피해 가는 우산 쓴 사람들. 지나가는 그들을 보니 나의 안락함 부질없고, 벽이 나를 짓누르고, 맨 등에 흐르는 물줄기 나를 꼬드긴다. 나의 뿌리, 그러니까, 이름 따위 필요 없이 동굴에서 살던 그 인간이 오늘 밤 나를 유혹하는 게 틀림없구나. 순결하고 헐벗은 몸으로, 제비 날개 같은 두 갈래 머릿결로, 가랑비 내리는 들판을 거닐고 싶으니 말이다.

예감

내 삶이 아주 짧을 듯싶다.
정화하고 삼키는 도가니 같은 내 머리.
그런데,
아쉬움도 두려움도 없이 떠나게끔,
구름 한 점 없는 짙푸른 하늘 아래
어느 날 오후 큰 재스민에서
피어난 흰 독사에
내 심장 살며시, 감미롭게
물리고 싶어라.

사각형과 각

줄지은 집들, 줄 이은 집들,
늘어선 집들,
사각형, 네모꼴, 사변형.
늘어선 집들.
이미 사각형 영혼
줄 선 생각
그리고 허리 각진 사람들.
오, 맙소사!
어제 내가 흘린 눈물마저 사각형이더라.

타락녀(女)

'타락녀'라고 쑥덕대네.
타락녀. 내가 남자를 꺾었기에.

참으로 타락. 숲으로 가서
하늘의 별 숲에서 뜯어먹었으니.

참으로 타락. 주운 금
미련 없이 남에게 주었으니.

참으로 타락. 하찮은 것에서

천상의 금 누렸으니.

나, 그저
이생 스치니
참으로 타락이 아닌가?

여행

오늘 밤 크고 큰 흰 달이
나를 내려다본다.

어젯밤 그 달이고
내일 밤 그 달이겠지만

다르다.
유난히 크고 창백하다.

물결에 떨리는 불빛처럼

나도 떨고 있다.

글썽이는 눈물처럼
나도 떨고 있다.

육신 어느 구석에서 요동치는 영혼처럼
나도 떨고 있다.

아! 달이 은빛 입을 열어
친숙한 세 마디 속삭이네.

"죽음 사랑 신비…"
아! 내 육신 끝을 맞이하고

죽은 육신
내 영혼이 굽어본다.

밤 고양이인 영혼
달에 뛰어들어

슬픔에 웅크린 채
기나긴 하늘 따라 떠난다.

하얀 달에서
기나긴 하늘 따라 떠난다.

기생충

신의 모습 상상해 본 적 없네.
절대적인 삶. 절대적인 규율.
별이 그의 눈, 바다가 그의 손,
번갯불이 그의 입.

허나, 신이여!
놀라지 말고 들으시오.
당신에게
사물과 남자라는 기생충이 있소.

모습

일 미터, 일 미터, 일 미터, 일 미터
벽 사방으로 둘러싸인 나.
내 키마이라의 자양분인
이 푸른 열병 티끌만큼도 이해 못 하는
영혼들 내 주변 맴돌고.
잿빛 되어 가는 내 가짜 살갗,
날개 밑에 붓꽃 숨긴 까마귀.
내가 보기에도 마냥 조잡하고 거추장스러운
추하고 험악한 이 부리 가소롭기만 하다.

안 그래?

이 어두운 날 영혼은 철창,
폐쇄적이고, 이기적이고, 이상이라곤
한 올조차 없는 치졸한 잣대로
남자의 신비로운 시초를 부인한다.

몸통에 원숭이 네다리
그리고 그나마 장식용으로
변변찮은 머리가 어울리지 않을까?
아름답게 꽃핀 숲속에서
시시덕거리면서라도 자기 삶을 살아가게끔?

우둔한 자들

오르고, 오르고, 또 올랐다.
저 위에 다다랐을 때
들려오는 수군거림. 도전인지 독설인지...
깔깔웃음, 비아냥, 욕설.
내가 웃음거리로 보이나?
아, 우둔한 자들,
너희가 아름다움을 안다고?
내가 한 가닥 한 가닥
별 꼬기가 어언 수백 년인데.

Irremediablemente

돌이킬 수 없이

남자

남자여, 내 고통 품어다오,
남자여, 나를 보살펴다오,
남자여, 너의 길이 나의 길이니,
여자의 분신이여,
나의 이 열망 알아다오...

정적

나,

언젠간 눈 감겠지, 흰 눈 내리듯,
비 오는 오후의 꿈처럼 온화하게.

언젠간 눈 감겠지, 돌처럼 차갑게,
망각처럼 적막하게, 넝쿨손처럼 슬피.

언젠간 해 질 녘의 꿈 이루겠지,
갈길 끝나기를 간절히 바라는 그 꿈.

언젠간 깊고 긴 꿈에 빠지겠지,
네 입맞춤조차 깨울 수 없는.

언젠간 홀로 남겠지, 넓디넓은 사막과
바다 사이에 있는 산처럼.

새들 노래 멈추고, 야생 토끼풀 넘치며,
천상의 온유함이 넘치는 오후 되겠지,

분홍빛 어린아이 입술 같은 봄
상큼한 내음 풍기며 저 문턱 넘어오겠지.

분홍빛 봄,
내 뺨에 노랑 장미 두 송이 안기리...
분홍빛 봄이!

정겨운 봄, 내 비단결 손에
붉고 흰 장미 안긴 그 봄.

너를 사랑하게 가르쳐준 정다운 봄,
너를 이루게끔 도움 준 그 봄.

아! 인적 없고 천 년 묵어
폐허 된 도시 같을 내가 눈감는 오후!

달빛 아래 호수의
누렇고 평온한 정적 같을 오후!

삶은 쓰디쓰고 죽음은 강직하다는
완벽한 어울림에 도취한 오후!

둥지에 길 잃은 새 안기듯
망각에 우리를 맡기는 정의로운 죽음…

자선의 빛 내 눈 비추리,
마지막 순간 천상의 푸른빛.

은은한 빛 하늘에서 내려와
내 눈 베일의 아늑함에 덮이리.

면사포 같은 연한 베일로
내 온몸 감쌀 은은한 빛.

삶은 동굴이고 죽음은 우주라고
나지막이 마음 깊은 곳에서 속삭일 빛,

금빛 모래밭에서 거품 사라지듯
그 빛 천천히 조금씩 떠나겠지.

....

아, 고요함, 고요함...
이 오후가
내 피 흐르지도 끓지도 않는 그날의 오후.

아, 고요함, 고요함...
내 누운 자리 맴돌며
다정히 나를 부르는 사랑스러운 네 입술.

아, 고요함, 고요함...
대답 없는 네 입맞춤
시들고 비틀거리며 내 마음속에 길 잃고.

아, 고요함, 고요함...
네 쓰라린 눈물에
슬픔 담으며 천천히 저무는 오후.

아, 고요함, 고요함...
새들 숨죽이고
꽃들 잠들고 배들 멈추네.

아, 고요함, 고요함...
별 한 개
사뿐히 땅에 떨어졌네, 사뿐히, 남모르게.

아, 고요함, 고요함...
밤 다가와서
내 누운 자리에 스며들어

속삭이고 앓으며 간청하고

아, 고요함, 고요함...
고요함 나 어루만지며
내 눈 덮고 내 입 다무니

아, 고요함, 고요함...
채비하는 내 손에서
정적 스며난다...

우수

아! 사랑하는 죽음아!
흠모하는 삶이여!...
영원히 나 잠들 때
봄날 빛 내 눈에 마지막으로 담고 싶어.

잠시 하늘 아래 따스함 허락해다오,
충만한 햇살
내 얼음에서 몸서리치게끔.
동틀 때 인사하러 나를 기다리던 별
참 고마웠지.

잠드는 것 두렵지 않아,
안식은 필요하니까,
다만,
아침마다 기쁜 아이처럼
내 창가에 다가와 나에게 입 맞추는
그 자비로운 나그네가 오기 전(前)이길...

그 꽃

네 삶은 큰 강줄기,
물 넘쳐흐르는 그 강가에 숨어서
살며시 나 싹 틔운다.
무성한 갈대, 아치라[10] 사이 어디에선가
너의 물 먹고 살지만 네 안중에 없는 그 꽃.

네가 넘치어 나를 휩쓸면
나 네 품에서 타버리고,

---

10) 아치라 : 학명은 Canna Indica. '인도칸나'로 알려져 있다. 홍초과의 여러해살이풀. 관상용이며 열대 아메리카가 원산지이다.

네가 메마르면
나 진흙에서 조금씩 조금씩 타든다,
네가 다시 풍족한 아름다운 날
나 다시 살며시 싹 틔워본다.

나,
네 강 언저리 어디에선가
봄이 올 때마다
소박하고 묵묵히
싹 틔우는 그 꽃.

함께

그대,
오늘 밤 함께 있어 줘요,
세상 내 마음 짓누르고...
삶이 찢기니...

그대,
오늘 밤 함께 있어 줘요,
내 영혼이 두려우니.

아, 울고 싶어라!

내미는 당신 손에,
내 마음 평온히 미끄러지고
흐르는 눈물에
내 영혼 스밀 텐데...

대물림

네 아버지도,
네 아버지의 아버지도,
너희 남자는 강인하기에
누구도 울지 않았다는

네 눈에 고인 눈물 한 방울
내 입술에 떨어지고...
이 세상 그 어느 독배보다 치명적이었네.

여자의 나약함에

독배를 들이켰을 때야
아! 대물림하는 그 짓누름
내 어이 견디리,
비로소 깨달은 가엾은 여인.

비상 (飛上)

어서,
양귀비 피고
꽃부리에 꿀 가득 찬 꽃밭에
꿀벌 되어 날아라,
내일이면 네 영혼 이미 쇠할 테니.

어서,
날개 저어 비둘기 되어
숲을 날고 알갱이 쪼고,
이 손 저 손에서 부스러기 먹고,

싱그러운 열매의 과육 맛보렴.

어서,
날개 저어 제비 되어
금빛 태양 빛나는 해변 찾아,
봄과 그 보배 누려라,
봄은 유일하고 신비롭잖니.

고갈된 너,
나 너를 그토록 붙들면 안 되니...
그래, 훨훨 돌아다니며 배워라,
바다 위에 뜬 너의 배
가장 내키는 곳으로 노 저어라.

달려라, 더 걷고 미련 없이...
네 손 아직도 많은 걸 거머쥐려니,
달려라 걷고 돌고 오르고 날아라,
한껏 누려라, 모든 게 아름다우니.

날아올라라... 내 사랑 너 붙잡지 않으니,

어떻게 나 너를 이해 못 하리?
어떻게 나 너를 이해 못 하리?
내 삶이 통곡하든...
내 마음이 서글프든...
날아라, 사랑하는 그대
그대 마음 내 어찌 모르리.

넋 잃은 영혼... 뭉그러진 마음,
네 날개 놓을 테니... 떠나거라... 널 기다리마.
나그네여, 어떤 마음으로 돌아올 거니?
나, 헐고 헌 마음 연민으로 거두리.

네 목마름 해소하게끔
뭇 길 네 앞에 열렸네...
그런데, 어쩌니, 서둘지 마라...
결국 그 모든 길 나에게 이르니...

옹졸한 남자

옹졸한 남자, 옹졸한 남자여,
날고픈 네 카나리아 풀어 줘라...
내가 그 카나리아,
옹졸한 남자여, 나를 놔줘.

나, 너의 세상에 갇혔네, 옹졸한 남자여,
옹졸한 남자여, 새장에 나를 가두다니.
나를 이해 못 하고, 이해 못 할 터이니
어찌 네가 너그럽다고 하리?

나도 너를 이해 못 하고, 아무튼,
새장 열어다오, 날아가고 싶으니,
옹졸한 남자여,
반(半) 시간이나 너를 사랑했는데
뭘 더 바라니?

신비로운 사랑

오지 않는 사랑, 나 너를 찾고,
인색한 사랑, 나 너를 찾고,
행여 나를 알아볼까 설레고,
나에게 올까 고대한다.

나의 격정, 방황
가시 다발에 멎었네,
아, 아가야,
너를 구하려는 나를 저버리니
붉은빛 방울

내 육신에서 흘러내린다.

통나무 위에 선 나,
때로는 한 줌의 꿈만으로도
꺼져가는 불씨 깨우는데.

내 사랑아,
나를 구해다오,
순수한 네 손으로
이 불타오름 해맑은 다정함 되고
내 통나무에서 푸른 가지 뻗게 해 다오.

불치

나 죽어야 한다는 말
자네 굳이 해야 하겠나?
신물이 나게 들었고
지겹도록 따라 말했어.

나 죽어야 한다면 모두에게 더 좋고
나 자신에게도.
그때까지 실성한 매미야 노래하고
벌새야 한껏 꿀 빨아라.

초원아, 꽃 피워라,
밀밭아, 짙어져라.
밀밭, 내 마음에 들어,
하늘, 아!, 내 마음에 들어,
여명, 내 마음에 들어,
장미밭, 내 마음에 들어.

내 눈에 비치는 금빛 세상에
별것 없고...
헤매는 영혼아,
네게 주어지는 대로 기뻐해라.

기도하는 밤이 얼마나 아름다운지,
바다가 얼마나 아름다운지 보아라...
너울이 궁금한 영혼아, 노를 저어 보아라.

깨닫지 못하는
하찮은 영혼아, 무릎 꿇어라.
무릎 꿇어라... 삶도 죽음도
모든 게 숭고하다.

이 하늘 네 것, 삶도 네 것,
취할 줄 알아라.
네가 가장 모르는 것 배워라,
누리기를 배워라.

(이 모든 말 듣던 내 영혼,
가엾은 내 영혼, 목 놓아 운다...)

20세기 동안

내 사랑,
본능의 거짓 수줍음 떨치고
너를 원한다고 고백하려고,
프로메테우스처럼 묶여있다가
어느 날 오후 사슬 끊었어.

"빛이 내 사랑 피어나게 하길"
네게 떳떳이 말하려고
내 손이 20세기를 뒤흔들고
내 손이 20세기를 들어 올렸어!

내 머릿결에 화살 스치고
화살 뒤이어 예리한 비수 스치고...
20세기 묵은 혹독한 멍에들!
그들 내팽개치고 나서야
무거운 줄 깨달았어.

영원히

너, 맹금류
유유히 날다가
샘터 지나치듯 나를 스치겠지,
솟는 삶의 물 마시고
봄날 좇아 뭇 하늘 가르겠지.

샘터 언제나 물 솟고
네가 마신 곳 생기 넘치며,
금빛 오후, 땅이 불탈 때,
네 찬란한 날개 꿈꾸겠지.

행여, 다시 지나가다가
어쩌다 샘터에 내려앉으면,
태생 순박한 물 네게 말하겠지.
그래, 맹금류야, 마셔라...

먼지 덮인 묘

네 목소리 듣지 못하면
나는 살점 뜯긴 돌 아래
먼지 덮인 묘,
세상에 짓눌리고 바람만 찾는 돌.

온몸과
메마른 영혼 쥐어짠들
무엇 한 방울 떨어지랴,

네가 없다면

돌 아래 묘,
천 년 만 년
먼지 덮인 묘일뿐.

너는?

그래, 나는
몸부림치고,
살아가고,
실수하지,
물처럼 흐르고 섞이면서
거친 요동 온몸으로 버텨내고
숲 내음 들이키고 신세계에 다다르지.

그래, 나는
몸부림치며 태양, 여명, 폭풍

심지어 망각까지 찾아 헤매기도...

그런데,
내가 지나치는 돌처럼
길들고 널브러진 너는?

순진한 포도송이

오래전 어느 봄날,
장난치듯 네게 내 마음 열었는데...
무관심하게 너는 스쳐갔지...
오래전에.

세상을 안다는 사람,
소녀의 그 장난 속
순진한 웃음에 가려진
크나큰 비밀 알아보지 못했어,
세상을 안다면서...

이제
여인이 된 내게 돌아와
남몰래 네 것이던
그 마음 바라는 너에게
나, 서툴게 거부하네.

아! 그 봄날 내 마음 바쳤을 때
순결한 포도송이...
이제는 한 알 한 알
순진한 포도송이 다른 이들이
벌써 맛보았으니...

Languidez

무기력

삼나무의 자비

나그네여,
한 걸음 네 앞에 선 삼나무 꼭대기에서
사랑 노래하는 저 새
거친 깃털 아래 고운 영혼 지녔다네.

티 없는 전망 네게 주려고
삼나무 높이 저 높이 솟아오르니
그 끝 찾다 보면, 인간이여,
하늘에 이르겠지.

무상(無相)

네가 오면
많은 여자 다가오겠지.
아름다운 이 여자
감미로운 저 여자.

너를 차지하려고
고상하게 다투고
네 마음 끌려고
찬사 아끼지 않겠지.
모두 헛수고.

이 여자도
저 여자도
개의치 않아,
그냥 눈감고 네게 말할 거야.
나는 네 여자라고.

구걸

이제는 내가 찾는 마음,
사랑할 수 있는 마음 얻고 싶어,
그 마음에 네 마음
한 방울, 한 방울 떨구어다오,
네 마음의 하늘,
나, 더는 바라지 않으리.

삶에서 마음 얻고 싶어,
그래, 마음, 어디서 떠돌까?
하늘 같은 마음,

별빛 나는 마음 얻고 싶네,
별빛 나는 마음으로 빛나고파서.

가엾은 나,
마음 찾아 헤매니
그 누구보다 가엾은 나,
내 삶으로 사겠소,
자기 마음 내주는 이에게
내 삶 내놓으리니
내게 줄 사람 어디 없소?

무기력

10월의 맑은 아침

아무렇게 머리를 묶고
그냥 맨발로
밝은 천에 감싸인 침실을 나와

살짝 졸면서.
문 바로 옆 해먹에 누웠다,

떠오르는 해

내 발 금빛 물들고...

굼뜬 내 마음
느리게 느리게
내 발등, 내 발목 훑으며
자기 찾는 듯한 햇살 느낀다.

나도 어디 있는지 모르는 내 마음
어떻게 이 햇살이 찾을지 우습다,
사냥에 나선 마음
파란 사냥감 물고 온다...

다가오는 한 어린아이
금빛 머릿결...

말없이 내 옆에 앉아
나처럼 하늘 쳐다보지만
나처럼 보는 게 없다.
내 발가락 흰 손으로 만지작거리고
내 발목 여린 지두(指頭)로 문지르네...

그러다가
내 발등에 자기 뺨 얹고
차가운 바닥 타일에
한없이 우아하게 눕는다.

살며시 해가 지자
멀리서 들려오는 목소리
아주 멀어진 하늘...

내 발등에 놓인 금발 머리
그 어린아이의 목에서 뛰는
맥박 느끼며
나는 계속 꾸벅인다.

언젠가

나처럼 어디에선가 살고 있겠지,
네가 있다는 것 알아,
우리는 만나게 되어 있어,
너도, 나도 탈을 쓰고 서툴러서
서로 못 알아볼 거야.
그렇게 각자의 길을 걷겠지.

서로 못 알아보겠지만,
멀리 떨어져 있어도
네가 나의 한숨에 젖고

내가 너의 한숨에 잠기고,
왔던 길 되돌아가며
그 한숨의 주인 찾겠지.

언젠가
서로 마주칠 날 올지,
각자의 탈을 벗을 수 있을지...
그런데 그날이 오면...
만약에, 그날이 오면
내가 한숨을 알까?
네가 한숨을 쉴까?

말소

내가 눈감으면
소식은 여느 때처럼 흐르겠지,
이 사무실에서 저 사무실로,
서류에서 내 이름 찾으면서.

저 멀리 산기슭
햇볕 아래 잠든 듯한 마을,
누군가 빛바랜 등록대장에서
내 이름에 줄 긋겠지.

눈빛

훗날,
세월의 무게에 짓눌린 내 모습
사람들이 보겠지,
그러나 어두운 옷차림과
칙칙한 피부이지만
남은 불씨 있겠지.

나를 못 알아보는 사람들,
한때, 먼 옛날에
내가 글쟁이였다는 사실

아는 사람도 있겠지.

수군대는 그 소리에도
내 흰 머릿결, 맑은 눈,
온화한 입, 미소 변함없으리.

천천히 내 갈 길 가리,
눈빛 더없이 진지하게
그들의 눈 마주치며,
누군가
내 눈빛 이해하리.

노예

나, 얽매는 네 빛의
구슬픈 그림자처럼
음지에서 너를 따랐어.
너는 나에게 날카로운 가시,
달빛 같은 연민이었지.

불과 용암 무릅쓰고
죽은 땅에서 누구보다
억척스레 너를 따랐어,
네 등이라도 보며

내 삶 마친다면 행운이라고
여기겠다며.

네 사랑스러운 영혼
지금 너와 함께 있는
순수한 그 영혼에
무르익은 과즙 떨구네.

고통에 신음 멈추지 않으나
마력에 끌리어,
네가 키스한 그녀의 입술에
내 입술 얹혀본다.

목마름

오래전부터 태양 아래
전소되어 새하얗게 메마른 땅,
참고 또 참아도, 더는 버틸 수 없어,
기나긴 낮잠 시간에 겁먹어
절규 치솟아 격렬하게 쪼개진다.

땅에 싹 튼
메마른 입술의 죽음
하늘 향해 뻗치며
'물!'이라고 소리치려 한다.

깨달음

머리 숙이고 무릎 꿇은
아름다운 중년의 여인

십자가에서 자비롭게 내려다보는
빈사 상태의 예수 그리스도.

그지없는 슬픔에 잠긴 눈
고귀한 새 생명 품은 몸,

피 흘리는

신성한 예수 그리스도에게 기도하니

주님!
여자아이가 아니게 해주소서!

정(情)

네가 영혼 따뜻하게 감싸리라는
멍청한 꿈!
철문 앞에서 구걸하듯 움츠린 너.

나를 풀어주기라도 하면,
내 마음 외롭다고
아픔에 시든다고
부르짖기라도 하지.

하지만, 내 가슴팍 파고드는

네 인색한 도닥임에
내 소리 죽이고,
비참한 삶에 나를 묶고.

매 순간 너를 내쫓지만
집요하게
매번 돌아오니,
참으로 성가시구나.

공상

어린아이처럼 동쪽을 향해 걸었네,
내 직접 태양을 만질 수 있을 듯해서,
어린아이처럼 저 먼 태양의 집 찾아
둥근 지구 돌았네.

걷고 또 걷고
금빛 동녘은 변함없이 그 자리에,
발걸음 쓸모없어 어린아이처럼
길가의 꽃 주워서 놀았네.

연습

마음을 두드리면
둔탁하게 울리거나
과수원에서 노래하는
새처럼 울릴지도.

그래, 태어나는 순간부터
이 순한 마음 죽음을 배운다.
각본 없이 무대에서
넘어지고 일어나면서.

수백 번 자세 바꾸어 보지만
죽음이라는 예술은 어렵다.
연습하고 또 연습하지만
여전히 서툴다.

낚시

삶의 언저리에서
너도나도, 서로 뒤질세라,
낚시에 몰두하는 남자들.

앞다투어 자리 잡고
큼지막한 미끼 던지며
기대에 부푼다.

저 위,
맑은 하늘 고요하고

저 아래,
낚싯바늘 들고 분주히 오가네.

낚시꾼이여,
조바심 내지 마라,
네 낚싯바늘
죽음 절대 놓치지 않을 테니.

비참

마음아, 마음아,
안간힘 쓰며 그토록
세상 사람에게 숨기려는 게 뭐니?
좋은 꿈이라도?
마음이 말하기를 : 내 비참함.

아! 마음아,
숨기려고 그토록 애쓰지 말아라,
너의 행복과 모든 꿈 누구든 앗아가지만
너의 비참은 아무도 원치 않으니,

고심하지 말고 드러내 보여라.
너의 비참은 탐나는 재물 아니니
누가 차지하려 하겠니?

모두가 저지른 일이 두려워
자기 재물 숨기기에 안절부절못할 때
저들보다 행복한 너는
왜 고민하니?
너의 유일한 재물 거리낌 없이
내보일 수 있는데.

담화

여인아, 너는 왜 굳세지 못하니?
무거운 질문 내 귀 두드린다.

금욕의 손으로 성화(聖火) 지키는
장렬한 여인의 모습 아름답다.

미소 지으며 나는 되씹는다.
인생은 굴렁쇠, 모난 것 하나 없고,
선과 악 뒤엉키어 있다고.

절조 내던지고
이단의 흥에 취할 여자 없다면
굳세지려고 용기 낼 여자 또한 없으리.
어쨌든, 인생의 잣대는 죽음.

보다시피, 실성한 내 글로
한 찰나이지만 노닐 틈 네게 주고
너를 더 사랑스럽게 꾸몄잖니.

네가 바라는 신중하고 은밀한 여인의
고상하고 순결한 명예는 허울일 뿐이야.

뭘 더 바라니? 네 삶에 한몫했는데,
덕분에 고민하고, 저울질했잖니
시간도 어느새 흘렀고.

그런데도 너는 고마운 줄 모르네.
아! 너 같은 사람은
결코 만족할 줄 모르나 보다!

부에노스아이레스

부에노스아이레스는
긴 다리, 큼지막한 발, 큰 손
하찮은 머리의 사내.

(오른쪽에 강을 거느리고
꿈틀거리는 흉측스러운 발
그리고 뭉그적대는 눈빛의 거인)

색색 모자이크 두 눈에
유럽 도시의 돔과 불빛 반짝이는데

발밑에는 아직도 식지 않은
께란디11)족(族)의 피
볼레아도라12)와 화살 나뒹굴고.

그래서일까, 심기가 예민할 때는
저승의 원주민이 다리를
기어오르는 듯하니…

이렇게
제 땅에서 발에 스며 오르는 기운
그의 큰 눈에 담긴 유럽의 모자이크
대치하고

그때마다

---

11) 께란디, (querandi) : 16세기 유럽인들이 본격적으로 아르헨티나 식민지화를 시작하기 전 오늘날의 부에노스아이레스시(市)와 근교에 살던 원주민 부족.
12) 볼레아도라(boleadora) : 동물에게 던져서 다리를 휘감아 포획하는 용도로 줄의 양 끝에 묵직한 물건을 달아놓은 사냥 도구.

머리와 발끝 중간에 삐져나온
그의 거친 손
오그라들고 망설이고 요동친다.

소리 없는 이 내면 투쟁에
기운 좀먹히어
아직도 뭉그적대는 시선.

그러나, 막후에서
두개골 밖으로 튀어나오려는
잔꾀 꿈틀거린다.

라쁠라따강(江)13)을 오른쪽에 끼고
널브러진 이 사내의 나태함
임산부의 나른함이라 믿지 마라.

---

13) 라쁠라따강(江) : Río de la Plata. 우루과이강과 파라과이강이 합류하여 형성되어 대서양으로 흘러든다. 어마어마한 양의 퇴적물로 인하여 강이 짙은 누른색을 띤다. 아르헨티나 문학을 대표하는 호르헤 루이스 보르헤스(Jorge Luis Borges)는 '사자 갈기색'을 띤 강이라고 불렀다.

장난기 미소 띤 입술 보이지 않니?
그리고
단숨에 아메리카의 모든 해안 훑는 눈.

귀 기울이면 요동치는 혈관 들리겠지,
그런데,
발처럼 머리가 커질 날이 오려나...

Ocre

황토

겸허

나,
몇 안 되는 운문의 모조금(模造金)
등에 업고 으스대며
풍작 거두리라 우쭐댔네.

어리석은 여인아
성급하구나.
모든 것 삼키는 파멸에
내 모습 사라질 날 머지않은데.

색 바랜 내 책에 내려와
손가락으로 집어 올리고
뺨을 살짝 부풀리면서

만사 지루한 조물주인 듯
무심하게 훅 한 번 불어서
망각으로 나를 보낼 터인데.

나

심취하면 나 온화하고 슬퍼지네,
내 영혼 다른 영혼과 휘감기면
하늘 내 손에 쥘 수 있고
끝 모르게 가슴 부푼다.

나만큼 순종하고
꿈에 안기고,
왜소한 이 몸보다
더없이 온화한 영혼 보듬는
다른 몸 없으리.

내 하얀 손가락 닿는 눈
날갯짓하는 새처럼 느껴지면
나 아낌없이 쏟으리.

이해하고 사로잡는 말
모르지 않고,
크고 붉은 달
낭떠러지에 오를 때
나 잠잠히 머물 줄 아네.

엄마에게

엄마가 대답하지 않을
위대한 진실 같은 것 아니라,
나를 가졌을 때
꽃핀 어두운 마당에
달빛이 서성이었는지 묻고 싶어.

뜨거운 네 품에서 내가 잠잘 때
거친 바닷소리 엄마의 밤 달랬는지,
금빛 노을에 멀어져 가는
바닷새 보았는지도.

그게, 공상적이고 떠도는 내 마음이
초승달 푸른 하늘에 떠오를 때
구름에 살짝 실성하고,

거친 성화대 펼친 바다 좋아하고
뱃사람 노래에 홀려
갈 곳 없어도 날아가는 큰 새들
바라보네.

약혼녀

분지 내려다보이는 시원한 복도에서
한 땀 한 땀 흰 천 바느질하며
날아가는 비둘기
커튼에 붙은 금빛 벌레
가끔 쳐다본다.

사랑스러운 맨발의 아이들 다가오고,
반들거리는 그들의 작은 코에 골무 넣어본다.
터지는 웃음보.
옆에서 모과꽃 바구니 들고

기다리는 한 아이.

금빛 모래에 목마른 거대한 선인장,
요란스러운 매미들, 불타는 돌,
나의 긴 낮잠 시간 넘보고

이 한 땀 한 땀 바느질
느릿느릿 내 손 거쳐가고
틈틈이 풍기는 사과나무 내음 속에
오가는 두 마디의 말.
내 여자여. 나는 당신의 여자요.

축제

모래밭에서
남자 손에 허리 맡기고 춤추는
사랑스럽고 아리따운 처녀,
지켜보는 별들.

파란색, 흰색, 은빛, 초록색 옷 입고...
작은 손 큰 손에 안기고 기다리네,
꾸미고 모호한 사랑 속삭임
진심처럼 들린다.

누군가 행복하다고 말한다.
인생은 아름답다고.
누군가 별을 향해 손 뻗어
무아경 속에서 기다리네.

나는 등 돌려
멀고 검고 어둡고
텅 비고 비아냥대는 입 같은 바다
정자에서 내려다본다.
바람이 거세다.

잊힘

여인이여,
오늘은 화요일, 날이 춥구나.
도시 언저리 너의 잿빛 돌집에서
꿈꾸며 잠드네,
사랑에 죽었음에도 아직껏 사랑에 벅차니?
들어보렴.

네가 사랑한
잔인한 잿빛 눈동자의 그 남자
가을날 오후에 담배 피우며

창 너머 누른 하늘과
색바랜 종이 나뒹구는 거리 쳐다본다.

책 한 권 집어
꺼진 난로 켜고 앉더니
종이 찢는 소리만 들리네.

다섯 시.
이 시간대에
그의 품에 너를 맡기곤 하였지,
그가 기억하려나?...
아무튼,
다른 분홍빛 육체의 체취
아늑한 그의 침대에
벌써 자리 잡았단다.

마주침

시내에서 마주친 그 사람.
더 창백하고 여전히 하염없는 표정,
긴 이 년 동안 내 삶의 중심이었던 그...
장갑 만지작거리며 덤덤히 그를 봤다.

어쩌다 이빨이 누렇게...?
뜬금없고 사소한 내 질문에
무언의 질책 그의 맑은 눈에 비쳤다.

그가 자리를 떴다.

황급히 거리를 건널 때
거닐던 어느 여인의 흰옷
검은 옷소매로 스치는 모습 보였다.

달아나는 그의 모자를 잠시 뒤따랐다...
급기야 얼룩 한 점으로 보일 만큼 멀어지다가
인파가 다시 그를 삼켰다.

모임에서 1

순결하고 심오한 친구가 내게 말하기를,

"나 젊어, 하고 싶은 게 많아.
내 남편? 속았어.
아이가 셋, 한 해 한 해가
무료하고 무기력하게 흘러가.

때로는 유혹에 못 이겨 발코니 창 열어
이런 남자, 저런 남자, 그런 남자 찾아보아도,
부질없어. 이런 고통에서 벗어나고 싶어!

아, 사랑은 무미를 해소하는 놀이가 아니야.

완화할 수는 있겠지, 하지만
남자들은 어림도 없어,
그들의 알랑거림
닫힌 내 마음 더 멀게 하지.

나, 아직 탐스러운 육체와 붉은 입술로
더 고귀한 사랑 기다리며
수녀복 아래 불덩어리 숨기고 있어."

모임에서 2

다른 친구가 내게 말하기를,

"우리 같은 지적인 여자는
사랑 장사에서 망하지.
우리를 찾는 남자들 많지만,
몇 모금 맛보고 돌아서니.

남자 마음 영적인 여자에 두지 않아,
결국은 성가시니까. 양성가답게
자기가 일군 것에 열광해.

자기 육체의 변덕에 걸맞은 여자가 최고이지.

우리 같은 지적인 여자는
남자를 키우고 다듬고
그들의 고삐 풀린 본능을 연마하는
무대일 뿐..

기다리다 기다리다
우리가 바친 마음의 대가로
그의 마음 청하면,
우리가 가꾼 남자
지나가는 아무 여자 쫓아가."

모임에서 3

가장 만만한 여자 따라가지.
버거운 삶 좀 넘겨받을 여자.
모든 지성에 꺾인 영혼 담겨있고
여자는 남자에게 잠시 축제일 뿐이야.

추구하는 삶 없는 소박한 여자
살림 더 잘 꾸리고,
사랑하는 남자의 기만에도
부스러기에 만족하며 그 옆에 눕는다.

그렇다고
연인 아닌 길벗으로도
온전히 그 남자 차지하지 못하지.
그가 우리와 같은 꿈을 꾸지 않으니.

그런데
예사롭고 평온한 일상의 마디 가운데
우리가 모르는 여성상
그녀 마음에 깨어있다.

기만

나는 네 여자,
왜 그런지 모르지만.
내일이라도 냉정하게 나를 버리고,
내 눈앞에서 네 눈
다른 욕망과 매력에 빠져도
막지 않으리.

네 생각, 네 바람 어찌 모르리,
그냥 이 모든 게 끝나기를 바랄 뿐.
무심한 듯 다른 여자 이야기 내가 꺼내고

네 여자였던 이 치켜세우기까지 하고.

이 기만 놀이에
네가 주역인 듯 우쭐대며
지칠 줄 모르는데,

나, 말없이 부드럽게 네게 미소 짓고
들뜬 네 모습 보며 되새긴다.
남자여, 진정해라,
네가 아니라 내 꿈이
나를 기만한단다.

다시

또,
다른 입술에 키스했다.
그 달콤한 입술에서 뭘 원했을까?
새삼스럽지도
그렇게 감미롭지도 않다는 사실?

다시 여기, 공허하게.
자제 당부하며 내 등 다독이는
햇빛 아래에서
어그러진 내 슬픈 마음

덧없이 떠올린다.

다시?... 내 육신 떨고
숨 막히는 공포에 혈관 들뜨네,
누군가 이 길 저 길에
내 이름 붙인다.

남자 목소리,
온유하고 조심스러운.
아!
나, 고요히 있고 싶지만
소나무 숲 푸른 그늘로 끌린다.

서글픈 부에노스아이레스

슬프게 곧고, 잿빛에,
서로 닮은 거리 사이로
어쩌다 내비치는 하늘 한 뼘,
음침한 외벽, 아스팔트 바닥에
사그라지는 내 따스한 봄날의 꿈.

느릿한 잿빛 기운에 젖어
얼마나 하염없이 떠돌았는지.
네 변함없음에 내 영혼 병들었고.
나를 부르지 마라!

아무 대답하지 않을 테니.

부에노스아이레스,
너의 집 어디에선가
가을 감옥하늘 보며 눈감으면
무거운 비석 놀랍지 않으리.

맥없고, 멀겋고, 서럽게 하는
암울한 강에 접붙은 너의 곧은 거리
내가 떠돌았을 때
이미 나는 묻히었잖니.

어중이

이 시대 인생살이 장단 따라가려고
생각하고, 투쟁하고, 가진 대로 살고,
세상에 끼어들려고 애썼네.

하지만
내 본능의 망상에 매혹되어
어두운 구덩이로 돌아왔네,
나, 나태하고 게걸스러운 곤충처럼
사랑만 할래.

나는 어중이.
짐스럽고, 서툴고, 굼뜨고,
널브러진 내 몸 햇빛 아래 생기 얻으니
여름에만 잘 지낸다.

숲 내음 가득하고
불타는 땅에 똬리 튼 뱀이 잠자고
열매 내 손에 떨어지는 여름에.

온정

9월.
꽃핀 복숭아나무 침실 창문 기웃거리고.
희고 가냘픈 아내의 손에
남편의 따스하고 애정 어린 입맞춤...

젊고, 아름답고 사랑하는 이들.
꽃무늬 흰 포대기에 벌거벗은
열 날 아기 울음 터뜨리고
금빛 카나리아들 회랑에서 지저귄다.

낮잠 시간.
희고 부드럽고 가득 찬
젖가슴 아기에게 물리는 엄마.
고귀한 수액 빨아들이는
굼뜨고 사랑스러운 녀석

자기 목 떠받치는
노르스레한 팔에 안기어
첫 환희 누리는 그 모습에
네가 떠오른다.

멋대로

내 서른한 살의 때 이른 봄날아,
내가 누구라고 생각했니?
분홍빛 통나무?
벌판에 선 내 육신
나무나 덩굴로 보였니?

내 눈이 엉겅퀴꽃,
내 머릿결이 금빛 보푸라기,
내 빛 잃은 뺨이 하찮은 열매,
내 몸내가 투베로즈14) 내음이라고 여겼니?

내 발꿈치에서 뿌리라도 내리듯
9월의 네 수액 내 몸속 솟아올라
하고픈 말 내 혈관 넘쳐흐르고

급기야 인간식물 되어
분홍빛 피부의 기공으로
금빛 꽃 치장하고
실성한 운문 스며 나와
나를 뒤덮는다...

---

14) 용설란과의 여러해살이풀. 월하향(月下香)으로 알려져 있다. 높이는 1미터 정도이며, 잎은 선 모양이다. 유백색의 꽃이 포(苞)의 겨드랑이에서 두 개씩 나오는데 향기가 매우 강하다. 향수 원료로 쓰고 관상용으로 재배한다.

배신

이 온순한 가을 문턱에서
들끓는 내 마음
어디선가 새싹 내비치고
새로운 사랑 내 마음
울리고 웃게 하네.

시작한 이 사랑 걱정스레 보며
나 자신 엿보는데,
창백한 가을에
붉은 리본 꽂고 싶다.

이상적인 정열과 약속하지 않았나?

여자의 마음아,
여자의 실존보다
더 고귀한 게 있으니,
그녀의 본질.

매 순간 나도 모르게 거스르고,
눈물지으며
내 가슴 짓누르는 짙은 상처
고결하게 드러낸다.

내 묘비에

나,
'알폰시나'라고 적힌 여기 잠자네.

느낌 없고 즐기고 누릴 수 있는
이 구덩이에 나 잠잔다.

초점 잃은 눈 방황 끝나고
열매 잃은 입술 탄식 멈추고

두 다리 쭉 뻗고

그저 한없이 꿈꾸며
누가 불러도 돌아보기 싫다.

흙이불 개의치 않고
내 손 겨울바람에 시리지 않으며

내 꿈 무르익을 여름도
내 맥박 부추길 봄도

내 심장
설레지도 요동치지도 뛰지도 않아,
나, 물러섰으니.

나그네여,
요란스레 지저귀는 저 새 뭐라 하는가?

"초승달 뜰 때
바다 향수 날리고
아름다운 몸들 거품 목욕하네.

꿀 찾아 넋 빠진 남자
바닷가에 거닐고.

흰 덮개 아래에서
원하고 설레고 실성하는 두 육체.

뱃사람들 뱃머리에서 꿈꾸고
카누에서 노래하는 여인들.

배 항구 떠나 자기 동굴에 빛 들자
남자들 미지의 땅 찾아 나서고

여기 뭍에 잠든 여인
비문으로 삶을 비웃는데,

여자라서 거짓말 묘비에 새겼다,
지겨웠노라고."

복수

큰 키에
세상에 둘도 없이 멋진 사냥꾼
어느 날 조물주의 숲속으로 사냥 나갔네.

활기찬 걸음,
장전된 총, 두근대는 심장,
머리는 도도하게, 목소리는 부드럽게.

오후의 금빛 아래
포획물 넘치는 사냥꾼

태양 가늘고 붉은 눈물 흘린다...

나무 휘감은 뱀 한 마리
나지막이 흥얼거리며
돌아오는 사냥꾼 보았고

새들의 멍울 풀어주려 하였지만
대범한 사냥꾼의 단칼에
머리 베인 뱀.

가까이서 기다리던 나...
내 머릿결로 그를 묶고
맹렬함을 제압하였네.

"새들 죽인 너,
이제 그 대가 내 손으로 거두리",
그에게 속삭이고,

흉기 대신 감미로운 키스로
그의 심장을 베어

죽음보다 더 비참한 고통 안겼네.

사냥꾼, 네게 경고하노니

조물주의 숲속으로 사냥 나갈 때
사랑의 깊은 상처받은
새들의 대갚음 피하지 못할 게다.

고뇌

시월의 이 아름다운 오후에
바다 저 먼 언저리 걷고 싶어라,
금빛 모래,
푸른 물,
맑은 하늘이 지켜보는 가운데.

큰 키, 도도하고, 완벽한
로마제국의 여인 되고 싶다,
큰 파도, 잠든 바위,
바다 감싸는 광활한 해변에 걸맞게.

느린 걸음, 차가운 눈빛,
말없이, 정해진 곳 없이,

푸른 파도 모래에 으스러져도
무심하게,

작은 물고기 새들에게 잡아먹혀도
냉담하게,

작은 배 삼킬 거친 바다 생각에도
한숨짓지 않고,

멋진 남자 나를 외치며 다가와도
사랑하고픈 마음 없이,

흐트러진 시선,
하염없이,
다시 가눌 마음 없이,

하늘과 해변 사이에

우두커니 서서

바다의 영원한 망각에 빠지고 싶다.

나의 본질

나의 본질,
봄날의 몸 무거운 꿀벌,
한가하며 금빛 낮잠 누리고,
게걸스럽고 나른하며 집시처럼.

따스한 오후,
사랑에 취해서,
새로운 사랑의 고삐에 끌려
삶의 취흥에 길들은
네 무거운 몸 끌었지.

네 폐습 거친 천으로 덮고,
얼마나 너를 벌했기에
이렇게 장미 앞에서 생각에 잠기다니.
내가 어쩌다 네게 이런 짓을…?

주눅 들고 마비되고 뺏기고
무너진 너의 순수함에
상식 운운하며
너를 반기는 저들 모습,
이제 희미하게 그리고
마지막으로 바라보구나.

Mundo de siete pozos

얼굴

의지

도취한 나비 같은 오후,
바다 향해 벌린
네 입술의 거친 정점으로
흰 구름 소용돌이 조이면서
우리 머리 위에서 맴돈다.

길 잃은 물의 초록빛 음악에
하늘과 땅 죽고,

수평선의 빈 벽 물러나고,

검은 바위들 춤추려 하네,

내가 싹 튼
저 먼 근원으로 돌려보내듯
이제 너에게 나를 내몰며
저 위 소용돌이 나를 무너뜨린다.

하지만
오후 홀로 여유롭게
네 입에서 독 들이키구나.

불꽃

시간의 십자가에
못 박힌 나.
내 비탄 신비한 마음결 열고
그 떨림 땅의 이끼 매만진다.

푸른 꽃에서 빚어낸
새콤달콤 꿀 한 방울 떨어져
목마른 내 입술 적시고.

핏줄기 내 손에서 흘러

남자들 얼굴에 튄다.
세상 저 멀리서 들려 오는 소리,
따스한 돌풍
내 이마 식은땀 씻는다.

내 눈, 고뇌에 찬 등대,
뜻 모를 신호
끝 모를 바다에 그려 본다.
그리고
내 마음속 불멸의 불꽃
회오리 솟아올라
지평선 비춘다.

구절

불안함에
내 마음 이리저리 날뛰네.

여기서 물어뜯고, 거기서 넘어지고
저곳에서 사냥하고, 이곳에서 사냥하고

내 마음 두려고 하여도
내 마음 머물지 않으리.

내 마음 둬야 할 곳

내 마음 원치 않으리.

내 생각 내 마음 엇박자

그래, 내 마음,
이성 아니라
욕망에 굶주린
사나운 사자이지.

바다 깊은 곳에

바다 깊은 곳 산호(珊瑚) 대로변에
유리 집 하나.

큰 금빛 물고기
인사차 다섯 시에 들를 때

붉은 산호 한 송이
내게 안겨준다.

바다보다 조금 더 푸른

침대에서 나는 잠들고

유리창 너머 문어 한 마리
내게 눈짓한다.

주변 푸른 숲속에
녹색 빛 자개 인어
너울대며 노래하고

내 머리 위에
가시투성이 바다
노을에 불탄다.

한밤의 등대

검은 천구(天球) 하늘
검은 원반 바다.

해변에서 등대
햇빛 부채 펼친다.

한밤에 누구 찾아
끊임없이 돌고 도는가?

운명(殞命)하는 마음

내 가슴속에서 찾는다면

저 검은 바위에
박힌 것 보이지 않소?

그리고 가마우지 끈질기게 쪼아도
더는 피 흘리지 않는다오.

잿빛 아침

바다 둥근 판에
잿빛 입들 벌어진다.

말 없는 바다의 입들
잿빛 구름 삼킨다.

물고기들은
바다 밑에 잠자고.

모든 바다 물고기

차가운 몸 콜룸바리움15)에
가로누워 잠자는데

물고기 한 마리가
지느러미 밑에 간직한
작은 겨울 태양.

산광(散光) 떠올라
바다 잿빛 입 하나하나에
창백한 후광 펼친다.

배가 지나가도
물고기들 잠에서 못 깨어나고

무한한 공간에 갈매기
철획(鐵劃) 그을 뿐.

---

15) 오늘날의 납골당. 초기 기독교 시대 지하에 만들었으며 벽면에 뼈 단지를 넣는 많은 벽감(壁龕)이 있었다.

거리

높은 잿빛 벽들 사이로 막다른 골목.
매 순간 삼킬 듯 입 벌리는 어두운 문들,
관(棺) 같은 현관,
인간 지하 묘지로 내려가는 함정.
그 현관에 오한이 돌지 않나?
오르는 흰 계단에는 공포가?
서둘러 나는 지나간다.

나를 바라보는 눈마다
나를 증식하여 퍼뜨린다.

헤아릴 수 없는 다리(下肢)들,
구르는 원들 회오리 일구고,
아우성과 소란의 구름,
몸에서 내 머리,
팔에서 손,
가슴에서 심장,
다리에서 발,
의지 머물 곳 뜯어낸다.
저 위에 푸른 하늘
금빛 도시들 떠다니는
맑은 물 달랜다.

겨울 광장

헐벗은 나무들
사각형 광장 둘러 달리기하고
뒤틀린 뼈대에 매달린
뒤집힌 우산에
자리 잡은 누른 전등들.

졸음에 시달리는 이방인이
걸쳐 앉지도 못하는 축축한 벤치
무정하기도 해라.

오늘도 꿀 발린 열변 들으며
우리가 기리는 위인
꼿꼿한 자세로 청동 속에 얼어붙는다.

정열

누구는 관자놀이에,
누구는 손에,
누구는 눈 부위에,
누구는 입에 입 맞춘다.
어디에 입맞춘들
신이 아니라 한낱 인간에게 뭘 바라다니...

하지만,
어느 날, 지고한 영혼,
건장한 가슴팍에 숭고함,

태풍 앞에 연기 사라지듯
그의 불 속에서
너를 불태우고 싶은 남자.

그의 손 네 등에 닿으면
네 가슴 부풀고
네 치맛자락 대범해지고,
네 뼛속까지 꿈틀거리게 하는 그.

큰 눈동자 너를 비추면
네 창백한 뼛속 메마른 가지까지
붉고 희게 불붙고,
불타고
전소하네.

Mascarillas y trébol

가면과 토끼풀

에로스에게

나를 해치려고 활통에서 활 집는
너를 바닷가에서 덜미 잡으니
바닥에 네 화관 떨어져 있더군.

인형인 마냥
네 배를 가르고 내장을 꺼내어
기만적인 바퀴 들춰 보니
금빛 도르래 속에 성(性)이라는
함정 꼭꼭 숨어 도사리고 있더라.

이제 넝마쪽 되어
해변에 누워 태양 바라보는 나를
놀란 인어 무리 앞에서
쾌거에 굶주린 너에게 보여주었잖니.

기만 일삼는 너의 대모(代母), 저 달이
흰 비탈길 오르길래,
너를 파도 속으로 밀쳐 버렸어.

잠든 꼴로니아16)

긴 비수 같은 달빛
내 깊은 잠 가르고

---

16) 꼴로니아 : 공식 명칭은 Colonia del Sacramento (꼴로니아 델 사끄라멘또)인 우루과이 꼴로니아주(州)의 주도. 17세기에 포르투갈에 의해 세워졌고 라쁠라따강(江) 하구에 있어서 군사 요새인 이유로 식민지 시절 포르투갈과 에스빠냐가 이곳을 장악하기 위하여 치열하게 싸웠다. 20세기에 들어와서 한때 "...낮에는 폐허 속에서 근근이 생을 이어가는 사람과 밤에는 어두운 거리를 서성이는 매춘부와 그녀들을 찾는 남자들만 보이는..." 거의 버려진 도시였는데, 훗날 구(舊)시가지 복원 사업이 진행되었고 식민지 시절의 포르투갈, 에스빠냐 문화가 잘 보존된 곳으로 1995년 유네스코 세계문화유산에 등재되었다.

몽상에 취하고 부서진 별들
평원에 마법의 밀가루 뿌린다.

누가 나를 잠자리에서 끌어내어
복면 쓴 이들 사이를 지나
흰 종탑에 소스라치는
강으로 끌고 가는가?

저기, 꼴로니아,
강물 가르는 검은 곶,
내 조용한 발걸음
새들의 잠긴 노랫소리
방해하지 않네,
저 둥근 고리들, 하늘이여!

아, 땅이 벌써 껍질을 깨고
반달 모양 꽃봉오리 정복자들
내 옆에서 잠 못 이루고 거닌다.

아들

네 안에서 비롯하고 펼쳐지지만
그를 보우하기에 너는 눈멀고
여자의 꽃 때문인지 남자의 칼 때문인지
그가 걷는지
어떤 영혼 깃드는지
어떤 눈으로 바라보는지 모르지.

그를 안고 바람의 가지처럼 한들대니
꽃잎에 네 입 자지러진다.
이제 네 몸은 육체가 아니라

미소 짓고 치솟는
눈물 어린 미지근한 허파.

네 몸에 드리우는 그늘에
그리 놀라지 않고
무자비하게 너를 일그러뜨리는
자(者)의 손에 죽으리라 깨닫는구나.

잔인한 말 한마디 네 앞길 가로막고
그럼에도 기도하지만
떠미는 존재가 똬리 트는 뱀인지
날개 펼치는 천사인지 모르니...

프로메테우스에게 간청

프로메테우스!
네 바위보다 더 큰 바위에
나를 묶어 굴려서
밤하늘의 별들 짓씹는 어금니에 던져 다오.

복수심 가득 찬 제우스의 분노 다시 지펴
찢어진 입에 섬광의 채찍질 해 다오,
다만 이빨 사이 진실의 오라기는 남겨두고.

제우스의 얼굴 격노에 일그러지게 하고

어두운 지하에 있는
그의 개들 자극하여
주둥이 거스르지게 하여라.

여기,
올림퍼스 신들의 수염에
게거품 튀기며 발버둥 치는
망아지 같은 내 몸 바치느니.

불모의 시대

여인을 지켜보던 숫자들이
무릎에 둔 작은 함 하나에서
붉은 강 흘러나와 소용돌이치며
세상 돌아다녔다.

낯설고 이해하기 거의 불가사의한 징후에
강변 어두워지고 불길하게 뜬 달
조수(潮水) 통제하였다.

밀물 때 그녀 창조하였고

놀란 눈빛의 미지근한 얼굴에
차가운 물자체(物自體)17) 드러났다.

어느 날 강이 달아나고
남자들이 꽃피우던 짙푸른 그녀의 섬
불모지 되고
바람이 거세지기 시작하였다.

---

17) 누메논 noumenon. 인식 주관에 나타나는 현상(現象)으로서의 물(物)이 아니라, 그 자체로서 존재하는 물(物). 칸트 철학의 중심 개념으로, 일체의 가능성과 경험을 초월한 경지에 있으며, 현상의 참 실재로서 감각의 원인이 된다.

인어

회오리바람 시간,
코발트색 하늘,
9월의 내 나뭇잎
그리고 내 가슴이 태양 낳게 한
그이의 시선도 앗아가거라.

삶이여,
내 얼굴에서 장밋빛 지우고
내 입술에서 미소 내쫓고
내 입에서 빵 빼앗고

내 운문의 가지 꺾어라...

다만,
폐허에서 솟는 생각과
이마에 도르래 늘어놓는
푸름의 기계는 남겨다오.

그 생각
절단된 이들 땅에서 인어가 되고
부서진 구름들 돛 펼치고
하늘에 오를 게다.

달에게 넋두리

한 번 더 너를 보고 싶구나,
푸른 허공에서 태어나고
도덕의 고뇌와 비참에서 벗어나
이 세상에 널린 이슬방울 거느린 너를.

더 푸른 하늘 담긴
은빛 강물 울라고 말하는데
무지갯빛과 눈(雪)이 네 꿈인
맑다 못 한 너를 가둘 말이 없구나.

부디 내려와 다오.
곪은 내 마음 네게 맡기니
네 흰 손으로 어루만져 줘

잠들고 싶어, 너의 아마포에서,
증오를 멀리하고
두려움 없이
터놓고
초라하게
박탈된 채.

성모 마리아에게

당신 앞에 내던져진 이 죄인,
어두운 이 얼굴 청명한 당신의 땅에,
백발이 되는 인간과 달리
온 세상이 변함없이
동정인 당신을 찬미하나이다.

어찌 당신의 순결한 눈을 바라보고
당신의 경이로운 손을 잡으리오.
나 뒤돌아보니 방탕의 강물
뉘우치지 않고 출렁이는데.

당신의 거룩한 은총에
죄를 덜 짓고자 하는 가련한 마음으로
머무시는 가장자리에
보잘것없는 푸른 나뭇가지 올리나이다,

당신의 낙인이 찍혀
태어난 순간 내 눈 멀어졌고
당신의 그늘 밖에서 살 수 없었습니다.

Poesías inéditas

유작

대화

고뇌에 빠진 너를 하늘이 용서하기를,
야속함에 내 가슴에 비수 꽂았지만
너의 삶이 괴롭지 않기를 빌게.

한 번 더 비애 맛본들,
폐허가 된 이 마음
너의 비정함에 더 깨달으니 잘 됐다,
이 모든 게 나를 정화할 테니. 고마워.

삶을 살아오면서 점점 더

낙(樂)의 불꽃이 꺼져간다는
막연한 의심이 생기던 참이었어.

그 불꽃의 미미한 따스함에 조마조마했는데...
아무튼 걱정할 필요 없게 되었네,
단숨에 네 손으로 그 근심 덜어줘서.

부고

목적지 항구에 내린 닻 같은
작은 십자가들 옆에
고인의 이름 누워있다,
진정 고인인 마냥 가로로 누워있다.
차가운 신문 한 면에
십자가와 함께
큼지막한 내 이름도 흔들거리네.

부질없는 봄

장미밭 봉오리 키우며 지나가기
벌써 스물여덟 번째,
내 열망대로 나에게 왔지만
변함 하나 없었네.

나 찬가 준비했는데 옹알댔고,
강 되고팠던 나 개천 되었네.
다음 봄에는…
헛소리 내뱉으며 새롭게 헛꿈에 설렌다.

스물여덟 번. 열 번은
봄날 머물 곳 위하여
내 영혼 짓밟던
기나긴 겨울날의 기억밖에.

벌써 스물여덟 번 부질없이 스쳤는데,
몇 번이나 아직 남았을까?

기차

출발하는 기차
창에 머리 기대고 멍하니...

철로, 나무, 수풀,
생글거리는 풍경,
어느 것에도 내 시선 끌리지 않고.

굽은 철로 접어드는 기차,
머리 내미니,
사라지는 환상 같은 떠나온 도시

내 슬픔 그을리며
저 멀리서도 이 마음 괴롭히네.

내 사랑 두고 간다...
느리게 움직이는 기차.
내 이름 외치네. 누구일까?
내 머리 팔에 떨구고 빈다.
기차야, 모질게 달려
어서 나의 끝을 보여다오!

오라시오 끼로가에게

오라시오18),
네 작품에서처럼,
섬광 뒤따라 암흑 휘덮듯이
맨정신으로 죽는 것 나쁘지 않아.
사람들이 뭐라고 하든.

밀림에서, 빠라나 강변에서
누구도 함부로 못 사는데.
오라시오, 너는 거침 없었어…

---

18) 오라시오 끼로가 : 「지은이 및 작품 소개」에서 각주 2번 참고.

사람들이 뭐라고 하든.

"일상의 고통이 아니라
최후의 순간이 우리를 꺾는다."
그까짓 몇 분 더 빨리 갔다고
누가 너를 탓하리?
사람들이 뭐라고 하든.

오라시오,
죽음보다 더 끔찍한 건
등 도닥이는 공포이잖아.
그래서 너는 그냥 들이키고19) 미소 지었지…
사람들이 뭐라고 하든.

네 노력 인정 받았잖니,
피상적이 아니라 진정으로,
강인한 이 자기 작품에 등 돌리지 않아…
(너 스스로 이런 말을 하겠지.)

---

19) 청산가리를 마시고 생을 마감하였다.

영면

꽃잎 몇 개, 이슬 머리그물,
풀 여러 겹, 흙 깔개와
보풀린 이끼 이불 깔아다오.

잠자리에 들 테니 눕혀다오.
네 마음에 드는 별자리 따서
머리맡에 등잔으로 켜 다오.
아, 조금 낮춰 줘.

홀로 있고 싶구나.

싹 트는 소리 들리지?
저 위 하늘 나를 안고
이름 모를 새 날개 저어 가네

잊어라고... 고마웠어.

아, 부탁 한 가지만.

그가 다시 전화하면 그만하라고 전해줘
이제 나는 떠났으니...